U0103379

政府工作報告

—— 2018 年 3 月 5 日在第十三屆全國
人民代表大會第一次會議上

李 克 強

目　錄

第十三屆全國人民代表大會
第一次會議關於
政府工作報告的決議

（2018 年 3 月 20 日第十三屆全國
人民代表大會第一次會議通過）

　　第十三屆全國人民代表大會第一次會議聽取和審議了國務院總理李克強所作的政府工作報告。會議高度評價過去五年我國經濟社會發展取得的歷史性成就、發生的歷史性變革，充分肯定國務院過去五年的工作，同意報告提出的 2018 年經濟社會發展總體要求、政策取向和對政府工作的建議，決定批准這個報告。

　　會議號召，全國各族人民更加緊密地團結在以習近平同志為核心的黨中央周圍，高舉中國特色社會主義偉大旗幟，以習近平新時代中國特色社會主義思想為指導，全面貫徹黨的十九大和十九屆一中、二中、三中全會精神，堅持和加強黨的全面領導，堅持穩中求進工作總基調，堅持新發展理念，緊扣我國社會主要矛盾變化，按照高質量發展的要求，統籌推進"五位一體"總體佈局和協調推進"四個全面"戰略佈局，堅持以推進供給側結構性改革為主綫，統籌推進穩增長、促改革、調結構、惠民生、防風險各項工作，大力推進改革開放，創新和完善宏觀調控，推動質量變革、效率變革、動力變革，在打好防範化解重大風險、精準脫貧、污染防治三大攻堅戰方面取得扎實進展，引導和穩定預期，加強和改善民生，促進經濟社會持續健康發展，銳意進取，埋頭苦幹，為決勝全面建成小康社會、奪取新時代中國特色社會主義偉大勝利，為把我國建設成為富強民主文明和諧美麗的社會主義現代化強國、實現中華民族偉大復興的中國夢努力奮鬥！

政府工作報告

—— 2018 年 3 月 5 日在第十三屆全國
人民代表大會第一次會議上

國務院總理　李克強

各位代表：

　　現在，我代表國務院，向大會報告過去五年政府工作，對今年工作提出建議，請予審議，並請全國政協委員提出意見。

一、過去五年工作回顧

　　第十二屆全國人民代表大會第一次會議以來的五年，是我國發展進程中極不平凡的五年。面對極其錯綜複雜的國內外形勢，以習近平同志為核心的黨中央團結帶領全國各族人民砥礪前行，統籌推進"五位一體"總體佈局，協調推進"四個全面"戰略佈局，改革開放和社會主義現代化建設全面開創新局面。黨的十九大確立了習近平新時代中國特色社會主義思想的歷史地位，制定了決勝全面建成小康社會、奪取新時代中國特色社會主義偉大勝利的宏偉藍圖和行動綱領，具有重大現實意義和深遠歷史意義。各地區各部門不斷增強政治意識、大局意識、核心意識、看齊意識，深入貫徹落實新發展理念，"十二五"規劃勝利完成，"十三五"規劃順利實施，經濟社會發展取得歷史性成就、發生歷史性變革。

五年來，經濟實力躍上新台階。國內生產總值從54萬億元增加到82.7萬億元，年均增長7.1%，佔世界經濟比重從11.4%提高到15%左右，對世界經濟增長貢獻率超過30%。財政收入從11.7萬億元增加到17.3萬億元。居民消費價格年均上漲1.9%，保持較低水平。城鎮新增就業6600萬人以上，13億多人口的大國實現了比較充分就業。

五年來，經濟結構出現重大變革。消費貢獻率由54.9%提高到58.8%，服務業比重從45.3%上升到51.6%，成為經濟增長主動力。高技術製造業年均增長11.7%。糧食生產能力達到1.2萬億斤。城鎮化率從52.6%提高到58.5%，8000多萬農業轉移人口成為城鎮居民。

五年來，創新驅動發展成果豐碩。全社會研發投入年均增長11%，規模躍居世界第二位。科技進步貢獻率由 52.2% 提高到 57.5%。載人航天、深海探測、量子通信、大飛機等重大創新成果不斷湧現。高鐵網絡、電子商務、移動支付、共享經濟等引領世界潮流。"互聯網 +"廣泛融入各行各業。大眾創業、萬眾創新蓬勃發展,日均新設企業由 5 千多戶增加到 1 萬 6 千多戶。快速崛起的新動能,正在重塑經濟增長格局、深刻改變生產生活方式,成為中國創新發展的新標誌。

五年來,改革開放邁出重大步伐。改革全面發力、多點突破、縱深推進,重要領域和關鍵環節改革取得突破性進展,主要領域改革主體框架基本確立。簡政放權、放管結合、優化服務等改革推動政府職能發生深刻轉變,市場活力和社會創造力明顯增強。"一帶一路"建設成效顯著,對外貿易和利用外資結構優化、規模穩居世界前列。

五年來,人民生活持續改善。脫貧攻堅取得決定性進展,貧困人口減少 6800 多萬,易地扶貧搬遷 830 萬人,貧困發生率由 10.2% 下降到 3.1%。居民收入年均增長 7.4%、超過經濟增速,形成世界上人口最多的中等收入群體。出境旅遊人次由 8300 萬增加到 1 億 3 千多萬。教育事業全面發展。社會養老保險覆蓋 9 億多人,基本醫療保險覆蓋 13.5 億人,織就了世界上最大的社會保障網。人均預期壽命達到 76.7 歲。棚戶區住房改造 2600 多萬套，農村危房改造 1700 多萬戶，上億人喜遷新居。

五年來，生態環境狀況逐步好轉。制定實施大氣、水、土壤污染防治三個“十條”並取得扎實成效。單位國內生產總值能耗、水耗均下降 20% 以上，主要污染物排放量持續下降，重點城市重污染天數減少一半，森林面積增加 1.63 億畝，沙化土地面積年均縮減近 2000 平方公里，綠色發展呈現可喜局面。

剛剛過去的 2017 年，經濟社會發展主要目標任務全面完成並好於預期。國內生產總值增長 6.9%，居民收入增長 7.3%，增速均比上年有所加快；城鎮新增就業 1351 萬人，失業率為多年來最低；工業增速回升，企業利潤增長 21%；財政收入增長 7.4%，扭轉了增速放緩態勢；進出口增長 14.2%，實際使用外資 1363 億美元、創歷史新高。經濟發展呈現出增長與質量、結構、效益相得益彰的良好局面。這是五年來一系列重大政策效應累積，各方面不懈努力、久久為功的結果。

過去五年取得的全方位、開創性成就，發生的深層次、根本性變革，再次令世界矚目，全國各族人民倍感振奮和自豪。

五年來，我們認真貫徹以習近平同志為核心的黨中央決策部署，主要做了以下工作。

（一）堅持穩中求進工作總基調，着力創新和完善宏觀調控，經濟運行保持在合理區間、實現穩中向好。這些年，世界經濟復甦乏力，國際金融市場跌宕起伏，保護主義明顯抬頭。我國經濟發展中結構性問題和深層次矛盾凸顯，經濟下行壓力持續加大，遇到不少兩難多難抉擇。面對這種局面，我們保持戰略定力，堅持不搞“大水漫灌”式強刺激，而是適應把握引領經濟發展新常態，統籌穩增長、促改革、調結構、惠民生、防風險，不斷創新和完善宏觀調控，確立區間調控的思路和方式，加強定向調控、相機調控、精準調控。明確強調只要經濟運行在合理區間，就業增加、收入增長、環境改善，就集中精力促改革、調結構、添動力。採取既利當前更惠長遠的舉措，着力推進供給側結構性改革，適度擴大總需求，推動實現更高層次的供需動態平衡。經過艱辛努力，我們頂住了經濟下行壓力、避免了“硬着陸”，保持了經濟中高速增長，促進了結構優化，經濟長期向好的基本面不斷鞏固和發展。

堅持實施積極的財政政策和穩健的貨幣政策。在財政收支矛盾較大情況下，着眼“放水養魚”、增強後勁，我國率先大幅減稅降費。分步驟全面推開營改增，結束了 66 年的營業稅徵收歷史，累計減稅超過 2 萬億元，加上採取小微企業稅收優惠、清理各種收費等措施，共減輕市場主體負擔 3 萬多億元。加強地方政府債務管理，實施地方政府存量債務置換，降低利息負擔 1.2 萬億元。調整財政支出結構，盤活沉澱資金，保障基本民生和重點項目。財政赤字率一直控制在 3% 以內。貨幣政策保持穩健中性，廣義貨幣 M_2 增速呈下降趨勢，信貸和社會融資規模適度增長。採取定向降準、專項再貸款等差別化政策，加強對重點領域和薄弱環節支持，小微企業貸款增速高於各項貸款平均增速。改革完善匯率市場化形成機制，保持人民幣匯率基本穩定，外匯儲備轉降為升。妥善應對"錢荒"等金融市場異常波動，規範金融市場秩序，防範化解重點領域風險，守住了不發生系統性風險的底綫，維護了國家經濟金融安全。

（二）堅持以供給側結構性改革為主綫，着力培育壯大新動能，經濟結構加快優化升級。緊緊依靠改革破解經濟發展和結構失衡難題，大力發展新興產業，改造提升傳統產業，提高供給體系質量和效率。

扎實推進"三去一降一補"。五年來，在淘汰水泥、平板玻璃等落後產能基礎上，以鋼鐵、煤炭等行

6

業為重點加大去產能力度，中央財政安排 1000 億元專項獎補資金予以支持，用於分流職工安置。退出鋼鐵產能 1.7 億噸以上、煤炭產能 8 億噸，安置分流職工 110 多萬人。因城施策分類指導，三四綫城市商品住宅去庫存取得明顯成效，熱點城市房價漲勢得到控制。積極穩妥去槓桿，控制債務規模，增加股權融資，工業企業資產負債率連續下降，宏觀槓桿率漲幅明顯收窄、總體趨於穩定。多措並舉降成本，壓減政府性基金項目 30%，削減中央政府層面設立的涉企收費項目 60% 以上，階段性降低 "五險一金" 繳費比例，推動降低用能、物流、電信等成本。突出重點加大補短板力度。

　　加快新舊發展動能接續轉換。深入開展 "互聯網 +" 行動，實行包容審慎監管，推動大數據、雲計算、物聯網廣泛應用，新興產業蓬勃發展，傳統產業深刻重塑。實施 "中國製造 2025"，推進工業強基、智能製造、綠色製造等重大工程，先進製造業加快發展。出台現代服務業改革發展舉措，服務新業態新模式異軍突起，促進了各行業融合升級。深化農業供給側結構性改革，新型經營主體大批湧現，種植業適度規模經營比重從 30% 提升到 40% 以上。採取措施增加中低收入者收入，推動傳統消費提檔升級、新興消費快速興起，網上零售額年均增長 30% 以上，社會消費品零售總額年均增長 11.3%。優化投資結構，鼓勵民間投資，發揮政府投資撬動作用，引導更多資金投向強基礎、增後勁、惠民生領域。高速鐵路運營里程從 9000 多公里增加到 2 萬 5 千公里、佔世界三分之二，高速公路里程從 9.6 萬公里增加到 13.6 萬公里，新建改建農村公路 127 萬公里，新建民航機場 46 個，開工重大水利工程 122 項，完成新一輪農村電網改造，建成全球最大的移動寬帶網。五年來，發展新動能迅速壯大，經濟增長實現由主要依靠投資、出口拉動轉向依靠消費、投資、出口協同拉動，由主要依靠第二產業帶動轉向依靠三次產業共同帶動。這是我們多年想實現而沒有實現的重大結構性變革。

推進供給側結構性改革，必須破除要素市場化配置障礙，降低制度性交易成本。針對長期存在的重審批、輕監管、弱服務問題，我們持續深化 "放管服" 改革，加快轉變政府職能，減少微觀管理、直接干預，注重加強宏觀調控、市場監管和公共服務。五年來，國務院部門行政審批事項削減 44%，非行政許可審批徹底終結，中央政府層面核准的企業投資項目減少 90%，行政審批中介服務事項壓減 74%，職業資格許可和認定大幅減少。中央政府定價項目縮減 80%，地方政府定價項目縮減 50% 以上。全面改革工商登記、註冊資本等商事制度，企業開辦時間縮短三分之一以上。創新和加強事中事後監管，實行"雙隨機、一公開"，隨機抽取檢查人員和檢查對象、及時公開查處結果，提高了監管效能和公正性。推行"互聯網＋政務服務"，實施一站式服務等舉措。營商環境持續改善，市場活力明顯增強，群眾辦事更加便利。

（三）堅持創新引領發展，着力激發社會創造力，整體創新能力和效率顯著提高。實施創新驅動發展戰略，優化創新生態，形成多主體協同、全方位推進的創新局面。擴大科研機構和高校科研自主權，改進科研項目和經費管理，深化科技成果權益管理改革。推進全面創新改革試驗，支持北京、上海建設科技創新中心，新設 14 個國家自主創新示範區，帶動形成一批區域創新高地。以企業為主體加強技術創新體系建設，湧現一批具有國際競爭力的創新型企業和新型研發機構。深入開展大眾創業、萬眾創新，實施普惠性支持政策，完善孵化體系。各類市場主體達到 9800 多萬戶，五年增加 70% 以上。國內有效發明專利擁有量增加兩倍，技術交易額翻了一番。我國科技創新由跟跑為主轉向更多領域並跑、領跑，成為全球矚目的創新創業熱土。

（四）堅持全面深化改革，着力破除體制機制弊端，發展動力不斷增強。國資國企改革扎實推進，公司制改革基本完成，兼併重組、壓減層級、提質增效取得積極進展。國有企業效益明顯好轉，去年利潤增長 23.5%。深化能源、鐵路、鹽業等領域改革。放寬非公有制經濟市場准入。建立不動產統一登記制度。完善產權保護制度。財稅改革取得重大進展，全面推行財政預決算公開，構建以共享稅為主的中央和地方收入分配格局，啟動中央與地方財政事權和支出責任劃分改革，中央對地方一般性轉移支付規模大幅增加、專項轉移支付項目減少三分之二。基本放開利率管制，建立存款保險制度，推動大中型商業銀行設立普惠金融事業部，深化政策性、開發性金融機構改革，強化金融監管協調機制。穩步推進教育綜合改革，完善城鄉義務教育均衡發展促進機制，改革考試招生制度。建立統一的城鄉居民基本養老、醫療保險制度，實現機關事業單位和企業養老保險制度併軌。出台劃轉部分國有資本充實社保基金方案。實施醫療、醫保、醫藥聯動改革，全面推開公立醫院綜合改革，取消長期實行的藥品加成政策，藥品醫療器械審批制度改革取得突破。推進農村承包地"三權"分置改革、確權面積超過 80%，改革重要農產品收儲制度。完善主體功能區制度，建立生態文明績效考評和責任追究制度，推行河長制、湖長制，開展省級以下環保機構垂直管理制度改革試點。各領域改革的深化，推動了經濟社會持續健康發展。

（五）堅持對外開放的基本國策，着力實現合作共贏，開放型經濟水平顯著提升。倡導和推動共建"一帶一路"，發起創辦亞投行，設立絲路基金，一批重大互聯互通、經貿合作項目落地。在上海等省市設立 11 個自貿試驗區，一批改革試點成果向全國推廣。改革出口退稅負擔機制、退稅增量全部由中央財政負擔，設立 13 個跨境電商綜合試驗區，國際貿易"單一窗口"覆蓋全國，貨物通關時間平均縮短一半以上，進出口實現回穩向好。外商投資由審批制轉向負面清單管理，限制性措施削減三分之二。外商投資結構優化，高技術產業佔比提高一倍。加大引智力度，來華工作的外國專家增加 40%。引導對外投資健康發展。推進國際產能合作，高鐵、核電等裝備走向世界。新簽和升級 8 個自由貿易協定。滬港通、深港通、債券通相繼啟動，人民幣加入國際貨幣基金組織特別提款權貨幣籃子，人民幣國際化邁出重要步伐。中國開放的擴大，有力促進了自身發展，給世界帶來重大機遇。

（六）堅持實施區域協調發展和新型城鎮化戰略，着力推動平衡發展，新的增長極增長帶加快成長。積極推進京津冀協同發展、長江經濟帶發展，編制實施相關規劃，建設一批重點項目。出台一系列促進西部開發、東北振興、中部崛起、東部率先發展的改革創新舉措。加大對革命老區、民族地區、邊疆地區、貧困地區扶持力度，加強援藏援疆援青工作。海洋保護和開發有序推進。實施重點城市群規劃，促進大中小城市和小城鎮協調發展。絕大多數城市放寬落戶限制，居住證制度全面實施，城鎮基本公共服務向常住人口覆蓋。城鄉區域發展協調性顯著增強。

（七）堅持以人民為中心的發展思想，着力保障和改善民生，人民群眾獲得感不斷增強。在財力緊張情況下，持續加大民生投入。全面推進精準扶貧、精準脫貧，健全中央統籌、省負總責、市縣抓落實的工作機制，中央財政五年投入專項扶貧資金 2800 多億元。實施積極的就業政策，重點群體就業得到較好保障。堅持教育優先發展，財政性教育經費佔國內生產總值比例持續超過 4%。改善農村義務教育薄弱學校辦學條件，提高鄉村教師待遇，營養改善計劃惠及 3600 多萬農村學生。啟動世界一流大學和一流學科建設。重點高校專項招收農村和貧困地區學生人數由 1 萬人增加到 10 萬人。加大對各類學校家庭困難學生資助力度，4.3 億人次受益。勞動年齡人口平均受教育年限提高到 10.5 年。居民基本醫保人均財政補助標準由 240元提高到 450 元，大病保險制度基本建立、已有 1700多萬人次受益，異地就醫住院費用實現直接結算，分級診療和醫聯體建設加快推進。持續合理提高退休人員基本養老金。提高低保、優撫等標準，完善社會救助制度，近 6000 萬低保人員和特困群眾基本生活得到保障。建立困難和重度殘疾人"兩項補貼"制度，惠及 2100 多萬人。實施全面兩孩政策。強化基層公共文化服務，加快發展文化事業，文化產業年均增長 13%以上。全民健身廣泛開展，體育健兒勇創佳績。

（八）堅持人與自然和諧發展，着力治理環境污染，生態文明建設取得明顯成效。樹立綠水青山就是金山銀山理念，以前所未有的決心和力度加強生態環境保護。重拳整治大氣污染，重點地區細顆粒物（$PM_{2.5}$）平均濃度下降 30% 以上。加強散煤治理，推進重點行業節能減排，71% 的煤電機組實現超低排放。優化能源結構，煤炭消費比重下降 8.1 個百分點，清潔能源消費比重提高 6.3 個百分點。提高燃油品質，淘汰黃標車和老舊車 2000 多萬輛。加強重點流域海域水污染防治，化肥農藥使用量實現零增長。

推進重大生態保護和修復工程，擴大退耕還林還草還濕，加強荒漠化、石漠化、水土流失綜合治理。開展中央環保督察，嚴肅查處違法案件，強化追責問責。積極推動《巴黎協定》簽署生效，我國在應對全球氣候變化中發揮了重要作用。

（九）堅持依法全面履行政府職能，着力加強和創新社會治理，社會保持和諧穩定。提請全國人大常委會制定修訂法律 95 部，制定修訂行政法規 195 部，修改廢止一大批部門規章。省、市、縣政府部門制定公佈權責清單。開展國務院大督查和專項督查，對積極作為、成效突出的給予表彰和政策激勵，對不作為的嚴肅問責。創新城鄉基層治理。完善信訪工作制度。擴大法律援助範圍。促進安全生產領域改革發展，事故總量和重特大事故數量持續下降。改革完善食品藥品監管，強化風險全程管控。加強地震、特大洪災等防災減災救災工作，健全分級負責、相互協同的應急機制，最大程度降低了災害損失。加強國家安全。健全社會治安防控體系，依法打擊各類違法犯罪，有力維護了公共安全。

貫徹落實黨中央全面從嚴治黨部署，加強黨風廉政建設和反腐敗鬥爭。深入開展黨的群眾路綫教育實踐活動、"三嚴三實"專題教育、"兩學一做"學習教育，認真落實黨中央八項規定精神，持之以恆糾正"四風"，嚴格執行國務院"約法三章"。嚴控新建政府性樓堂館所和財政供養人員總量，"三公"經費大幅壓減。加強行政監察和審計監督。堅決查處和糾正違法違規行為，嚴厲懲處腐敗分子，反腐敗鬥爭壓倒性態勢已經形成並鞏固發展。

各位代表！

過去五年，民族、宗教、僑務等工作創新推進。支持民族地區加快發展，民族團結進步事業取得長足進展。積極引導宗教與社會主義社會相適應。海外僑胞和歸僑僑眷在國家現代化建設中作出了獨特貢獻。

過去五年，在黨中央、中央軍委領導下，強軍興軍開創新局面。制定新形勢下軍事戰略方針，召開古田全軍政治工作會議，深入推進政治建軍、改革強軍、科技興軍、依法治軍，人民軍隊實現政治生態重塑、組織形態重塑、力量體系重塑、作風形象重塑。有效遂行海上維權、反恐維穩、搶險救災、國際維和、亞丁灣護航、人道主義救援等重大任務。各方配合基本完成裁減軍隊員額 30 萬任務。軍事裝備現代化水平顯著提升，軍民融合深度發展。軍政軍民緊密團結。人民軍隊面貌煥然一新，在中國特色強軍之路上邁出堅實步伐。

過去五年，港澳台工作取得新進展。"一國兩制"實踐不斷豐富和發展，憲法和基本法權威在港澳進一步彰顯，內地與港澳交流合作深入推進，港珠澳大橋全綫貫通，香港、澳門保持繁榮穩定。堅持一個中國原則和"九二共識"，加強兩岸經濟文化交流合作，實現兩岸領導人歷史性會晤。堅決反對和遏制"台獨"分裂勢力，有力維護了台海和平穩定。

　　過去五年，中國特色大國外交全面推進。成功舉辦首屆"一帶一路"國際合作高峰論壇、亞太經濟合作組織領導人非正式會議、二十國集團領導人杭州峰會、金磚國家領導人廈門會晤等重大主場外交。習近平主席等國家領導人出訪多國，出席聯合國系列峰會、氣候變化大會、世界經濟論壇、東亞合作領導人系列會議等重大活動，全方位外交佈局深入展開。倡導構建人類命運共同體，為全球治理體系變革貢獻更多中國智慧。經濟外交、人文交流卓有成效。堅定維護國家主權和海洋權益。中國作為負責任大國，在解決國際和地區熱點問題上發揮了重要建設性作用，為世界和平與發展作出新的重大貢獻。

　　各位代表！

　　回顧過去五年，諸多矛盾交織疊加，各種風險挑戰接踵而至，國內外很多情況是改革開放以來沒有碰到過的，我國改革發展成就實屬來之不易。這是以習近平同志為核心的黨中央堅強領導的結果，是習近平新時代中國特色社會主義思想科學指引的結果，是全黨全軍全國各族人民團結奮鬥的結果。我代表國務院，向全國各族人民，向各民主黨派、各人民團體和各界人士，表示誠摯感謝！向香港特別行政區同胞、澳門特別行政區同胞、台灣同胞和海外僑胞，表示誠摯感謝！向關心和支持中國現代化建設的各國政府、國際組織和各國朋友，表示誠摯感謝！

安不忘危，興不忘憂。我們清醒認識到，我國仍處於並將長期處於社會主義初級階段，仍是世界最大發展中國家，發展不平衡不充分的一些突出問題尚未解決。經濟增長內生動力還不夠足，創新能力還不夠強，發展質量和效益不夠高，一些企業特別是中小企業經營困難，民間投資增勢疲弱，部分地區經濟下行壓力較大，金融等領域風險隱患不容忽視。脫貧攻堅任務艱巨，農業農村基礎仍然薄弱，城鄉區域發展和收入分配差距依然較大。重特大安全生產事故時有發生。在空氣質量、環境衛生、食品藥品安全和住房、教育、醫療、就業、養老等方面，群眾還有不少不滿意的地方。政府職能轉變還不到位。政府工作存在不足，有些改革舉措和政策落實不力，一些幹部服務意識和法治意識不強、工作作風不實、擔當精神不夠，形式主義、官僚主義不同程度存在。群眾和企業對辦事難、亂收費意見較多。一些領域不正之風和腐敗問題仍然多發。我們一定要以對國家和人民高度負責的精神，以不畏艱難的勇氣、堅忍不拔的意志，盡心竭力做好工作，使人民政府不負人民重託！

二、 2018 年經濟社會發展 總體要求和政策取向

今年是全面貫徹黨的十九大精神的開局之年，是改革開放 40 週年，是決勝全面建成小康社會、實施"十三五"規劃承上啟下的關鍵一年。做好政府工作，要在以習近平同志為核心的黨中央堅強領導下，以馬克思列寧主義、毛澤東思想、鄧小平理論、"三個代表"重要思想、科學發展觀、習近平新時代中國特色社會主義思想為指導，全面深入貫徹黨的十九大和十九屆二中、三中全會精神，貫徹黨的基本理論、基本路綫、基本方略，堅持和加強黨的全面領導，堅持穩中求進工作總基調，堅持新發展理念，緊扣我國社會主要矛盾變化，按照高質量發展的要求，統籌推進"五位一體"總體佈局和協調推進"四個全面"戰略佈

局，堅持以供給側結構性改革為主綫，統籌推進穩增長、促改革、調結構、惠民生、防風險各項工作，大力推進改革開放，創新和完善宏觀調控，推動質量變革、效率變革、動力變革，特別在打好防範化解重大風險、精準脫貧、污染防治的攻堅戰方面取得扎實進展，引導和穩定預期，加強和改善民生，促進經濟社會持續健康發展。

　　綜合分析國內外形勢，我國發展面臨的機遇和挑戰並存。世界經濟有望繼續復甦，但不穩定不確定因素很多，主要經濟體政策調整及其外溢效應帶來變數，保護主義加劇，地緣政治風險上升。我國經濟正處在轉變發展方式、優化經濟結構、轉換增長動力的攻關期，還有很多坡要爬、坎要過，需要應對可以預料和難以預料的風險挑戰。實踐表明，中國的發展成就從來都是在攻堅克難中取得的。當前我國物質技術基礎更加雄厚，產業體系完備、市場規模巨大、人力資源豐富、創業創新活躍，綜合優勢明顯，有能力有條件實現更高質量、更有效率、更加公平、更可持續的發展。

　　今年發展主要預期目標是：國內生產總值增長6.5% 左右；居民消費價格漲幅 3% 左右；城鎮新增就業 1100 萬人以上，城鎮調查失業率 5.5% 以內，城鎮登記失業率 4.5% 以內；居民收入增長和經濟增長基本同步；進出口穩中向好，國際收支基本平衡；單位國內生產總值能耗下降 3% 以上，主要污染物排放量繼續下降；供給側結構性改革取得實質性進展，宏觀槓桿率保持基本穩定，各類風險有序有效防控。

上述主要預期目標，考慮了決勝全面建成小康社會需要，符合我國經濟已由高速增長階段轉向高質量發展階段實際。從經濟基本面和就業吸納能力看，6.5% 左右的增速可以實現比較充分的就業。城鎮調查失業率涵蓋農民工等城鎮常住人口，今年首次把這一指標作為預期目標，以更全面反映就業狀況，更好體現共享發展要求。

今年要繼續創新和完善宏觀調控，把握好宏觀調控的度，保持宏觀政策連續性穩定性，加強財政、貨幣、產業、區域等政策協調配合。

積極的財政政策取向不變，要聚力增效。今年赤字率擬按 2.6% 安排，比去年預算低 0.4 個百分點；財政赤字 2.38 萬億元，其中中央財政赤字 1.55 萬億元，地方財政赤字 8300 億元。調低赤字率，主要是我國經濟穩中向好、財政增收有基礎，也為宏觀調控留下更多政策空間。今年全國財政支出 21 萬億元，支出規模進一步加大。中央對地方一般性轉移支付增長

10.9%，增強地方特別是中西部地區財力。優化財政支出結構，提高財政支出的公共性、普惠性，加大對三大攻堅戰的支持，更多向創新驅動、"三農"、民生等領域傾斜。當前財政狀況出現好轉，各級政府仍要堅持過緊日子，執守簡樸、力戒浮華，嚴控一般性支出，把寶貴的資金更多用於為發展增添後勁、為民生雪中送炭。

穩健的貨幣政策保持中性，要鬆緊適度。管好貨幣供給總閘門，保持廣義貨幣 M_2、信貸和社會融資規模合理增長，維護流動性合理穩定，提高直接融資特別是股權融資比重。疏通貨幣政策傳導渠道，用好差別化準備金、差異化信貸等政策，引導資金更多投向小微企業、"三農"和貧困地區，更好服務實體經濟。

做好今年工作，要認真貫徹習近平新時代中國特色社會主義經濟思想，堅持穩中求進工作總基調，把穩和進作為一個整體來把握，注重以下幾點。一是大力推動高質量發展。發展是解決我國一切問題的基礎和關鍵。要着力解決發展不平衡不充分問題，圍繞建設現代化經濟體系，堅持質量第一、效益優先，促進經濟結構優化升級。要尊重經濟規律，遠近結合，確保經濟運行在合理區間，實現經濟平穩增長和質量效益提高互促共進。二是加大改革開放力度。改革開放是決定當代中國命運的關鍵一招，也是實現"兩個一百年"奮鬥目標的關鍵一招。在新的歷史起點上，思想要再解放，改革要再深化，開放要再擴大。充分發揮人民首創精神，鼓勵各地從實際出發，敢闖敢試，敢於碰硬，把改革開放不斷向前推進。三是抓好決勝全面建成小康社會三大攻堅戰。要分別提出工作思路和具體舉措，排出時間表、路綫圖、優先序，確保風險隱患得到有效控制，確保脫貧攻堅任務全面完成，確保生態環境質量總體改善。我們所做的一切工作，都是為了人民。要堅持以人民為中心的發展思想，從我國基本國情出發，盡力而為、量力而行，把群眾最關切最煩心的事一件一件解決好，促進社會公平正義和人的全面發展，使人民生活隨着國家發展一年比一年更好。

三、對 2018 年政府工作的建議

今年經濟社會發展任務十分繁重。要緊緊抓住大有可為的歷史機遇期，統籌兼顧、突出重點，扎實做好各項工作。

（一）深入推進供給側結構性改革。堅持把發展經濟着力點放在實體經濟上，繼續抓好"三去一降一

補"，大力簡政減稅減費，不斷優化營商環境，進一步激發市場主體活力，提升經濟發展質量。

發展壯大新動能。做大做強新興產業集群，實施大數據發展行動，加強新一代人工智能研發應用，在醫療、養老、教育、文化、體育等多領域推進"互聯網+"。加快發展現代服務業。發展智能產業，拓展智能生活，建設智慧社會。運用新技術、新業態、新模式，大力改造提升傳統產業。加強新興產業統計。加大網絡提速降費力度，實現高速寬帶城鄉全覆蓋，擴大公共場所免費上網範圍，明顯降低家庭寬帶、企業寬帶和專綫使用費，取消流量"漫遊"費，移動網絡流量資費年內至少降低30%，讓群眾和企業切實受益，為數字中國、網絡強國建設加油助力。

加快製造強國建設。推動集成電路、第五代移動通信、飛機發動機、新能源汽車、新材料等產業發展，實施重大短板裝備專項工程，推進智能製造，發展工業互聯網平台，創建"中國製造2025"示範區。大幅壓減工業生產許可證，強化產品質量監管。全面開展質量提升行動，推進與國際先進水平對標達標，弘揚勞模精神和工匠精神，建設知識型、技能型、創新型勞動者大軍，來一場中國製造的品質革命。

繼續破除無效供給。堅持用市場化法治化手段，嚴格執行環保、質量、安全等法規標準，化解過剩產能、淘汰落後產能。今年再壓減鋼鐵產能 3000 萬噸左右，退出煤炭產能 1.5 億噸左右，淘汰關停不達標的 30 萬千瓦以下煤電機組。加大"僵屍企業"破產清算和重整力度，做好職工安置和債務處置。減少無效供給要抓出新成效。

深化"放管服"改革。全面實施全國統一的市場准入負面清單制度。在全國推開"證照分離"改革，重點是照後減證，各類證能減盡減、能合則合，進一步壓縮企業開辦時間。大幅縮短商標註冊週期。工程建設項目審批時間再壓減一半。推進企業投資項目承諾制改革試點。全面實施"雙隨機、一公開"監管，決不允許假冒偽劣滋生蔓延，決不允許執法者吃拿卡要。深入推進"互聯網 + 政務服務"，使更多事項在網上辦理，必須到現場辦的也要力爭做到"只進一扇門"、"最多跑一次"。加強政務服務標準化建設。大力推進綜合執法機構機制改革，着力解決多頭多層重複執法問題。加快政府信息系統互聯互通，打通信息孤島。清理群眾和企業辦事的各類證明，沒有法律法規依據的一律取消。優化營商環境就是解放生產力、提高競爭力，要破障礙、去煩苛、築坦途，為市場主體添活力，為人民群眾增便利。

進一步減輕企業稅負。改革完善增值稅制度，按照三檔併兩檔方向調整稅率水平，重點降低製造業、交通運輸等行業稅率，提高小規模納稅人年銷售額標準。大幅擴展享受減半徵收所得稅優惠政策的小微企業範圍。大幅提高企業新購入儀器設備稅前扣除上限。實施企業境外所得綜合抵免政策。擴大物流企業倉儲用地稅收優惠範圍。繼續實施企業重組土地增值稅、契稅等到期優惠政策。全年再為企業和個人減稅8000多億元，促進實體經濟轉型升級，着力激發市場活力和社會創造力。

大幅降低企業非稅負擔。進一步清理規範行政事業性收費，調低部分政府性基金徵收標準。繼續階段性降低企業"五險一金"繳費比例。降低電網環節收費和輸配電價格，一般工商業電價平均降低10%。深化收費公路制度改革，降低過路過橋費用。加大中介服務收費清理整頓力度。全年要為市場主體減輕非稅負擔3000多億元，不合理的堅決取消，過高的堅決降下來，讓企業輕裝上陣、聚力發展。

（二）加快建設創新型國家。把握世界新一輪科技革命和產業變革大勢，深入實施創新驅動發展戰略，不斷增強經濟創新力和競爭力。

加強國家創新體系建設。強化基礎研究、應用基礎研究和原始創新，啟動一批科技創新重大項目，高標準建設國家實驗室。鼓勵企業牽頭實施重大科技項目，支持科研院所、高校與企業融通創新，加快創新成果轉化應用。國家科技投入要向民生領域傾斜，加強霧霾治理研究，推進癌症等重大疾病防治攻關，使科技更好造福人民。

落實和完善創新激勵政策。改革科技管理制度，科研項目績效評價要加快從重過程向重結果轉變。賦予創新團隊和領軍人才更大的人財物支配權和技術路綫決策權。對承擔重大科技攻關任務的科研人員，採取靈活的薪酬制度和獎勵措施。探索賦予科研人員科技成果所有權或長期使用權。有悖於激勵創新的陳規舊章，要抓緊修改廢止；有礙於釋放創新活力的繁文縟節，要下決心砍掉。

促進大眾創業、萬眾創新上水平。我國擁有世界上規模最大的人力人才資源，這是創新發展的最大"富礦"。要提供全方位創新創業服務，推進"雙創"示範基地建設，鼓勵大企業、高校和科研院所等開放創新資源，發展平台經濟、共享經濟，形成綫上綫下結合、產學研用協同、大中小企業融合的創新創業格局，打造"雙創"升級版。設立國家融資擔保基金，支持優質創新型企業上市融資，將創業投資、天使投資稅收優惠政策試點範圍擴大到全國。深化人才發展體制改革，推動人力資源自由有序流動，支持企業提高技術工人待遇，加大高技能人才激勵，鼓勵海外留學人員回國創新創業，拓寬外國人才來華綠色通道。集眾智匯眾力，一定能跑出中國創新"加速度"。

（三）深化基礎性關鍵領域改革。以改革開放40週年為重要契機，推動改革取得新突破，不斷解放和發展社會生產力。

推進國資國企改革。制定出資人監管權責清單。深化國有資本投資、運營公司等改革試點，賦予更多自主權。繼續推進國有企業優化重組和央企股份制改革，加快形成有效制衡的法人治理結構和靈活高效的市場化經營機制，持續瘦身健體，提升主業核心競爭力，推動國有資本做強做優做大。積極穩妥推進混合所有制改革。落實向全國人大常委會報告國有資產管理情況的制度。國有企業要通過改革創新，走在高質量發展前列。

支持民營企業發展。堅持"兩個毫不動搖"，堅持權利平等、機會平等、規則平等，全面落實支持非公有制經濟發展的政策措施，認真解決民營企業反映的突出問題，堅決破除各種隱性壁壘。構建親清新型政商關係，健全企業家參與涉企政策制定機制。激發和保護企業家精神，壯大企業家隊伍，增強企業家信心，讓民營企業在市場經濟浪潮中盡顯身手。

完善產權制度和要素市場化配置機制。產權制度是社會主義市場經濟的基石。要以保護產權、維護契約、統一市場、平等交換、公平競爭為基本導向，完善相關法律法規。對各種侵權行為要依法嚴肅處理，對產權糾紛申訴案件要依法甄別糾正。強化知識產權保護，實行侵權懲罰性賠償制度。加快技術、土地等要素價格市場化改革，深化資源類產品和公共服務價格改革，打破行政壟斷，防止市場壟斷。要用有力的產權保護、順暢的要素流動，讓市場活力和社會創造力競相迸發。

深化財稅體制改革。推進中央與地方財政事權和支出責任劃分改革，抓緊制定收入劃分改革方案，完善轉移支付制度。健全地方稅體系，穩妥推進房地產稅立法。改革個人所得稅。全面實施績效管理，使財政資金花得其所、用得安全。

加快金融體制改革。改革完善金融服務體系，支持金融機構擴展普惠金融業務，規範發展地方性中小金融機構，着力解決小微企業融資難、融資貴問題。深化多層次資本市場改革，推動債券、期貨市場發展。拓展保險市場的風險保障功能。改革金融監管體制。深化利率匯率市場化改革，保持人民幣匯率在合理均衡水平上的基本穩定。

推進社會體制改革。深化養老保險制度改革，建立企業職工基本養老保險基金中央調劑制度。深化公立醫院綜合改革，協調推進醫療價格、人事薪酬、藥品流通、醫保支付改革，提高醫療衛生服務質量，下大力氣解決群眾看病就醫難題。深入推進教育、文化、體育等改革，充分釋放社會領域巨大發展潛力。

健全生態文明體制。改革完善生態環境管理制度，加強自然生態空間用途管制，推行生態環境損害賠償制度，完善生態補償機制，以更加有效的制度保護生態環境。

（四）堅決打好三大攻堅戰。要圍繞完成年度攻堅任務，明確各方責任，強化政策保障，把各項工作做實做好。

推動重大風險防範化解取得明顯進展。當前我國經濟金融風險總體可控，要標本兼治，有效消除風險隱患。嚴厲打擊非法集資、金融詐騙等違法犯罪活動。加快市場化法治化債轉股和企業兼併重組。加強金融機構風險內控。強化金融監管統籌協調，健全對影子銀行、互聯網金融、金融控股公司等監管，進一步完善金融監管、提升監管效能。防範化解地方政府債務風險。嚴禁各類違法違規舉債、擔保等行為。省級政府對本轄區債務負總責，省級以下各級地方政府各負其責，積極穩妥處置存量債務。健全規範的地方政府舉債融資機制。今年安排地方專項債券 1.35 萬億元，比去年增加 5500 億元，優先支持在建項目平穩建設，合理擴大專項債券使用範圍。我國經濟基本面好，政策工具多，完全能夠守住不發生系統性風險的底綫。

加大精準脫貧力度。今年再減少農村貧困人口 1000 萬以上，完成易地扶貧搬遷 280 萬人。深入推進產業、教育、健康、生態和文化等扶貧，補齊基礎設施和公共服務短板，加強東西部扶貧協作和對口支援，注重扶貧同扶志、扶智相結合，激發脫貧內生動力。強化對深度貧困地區支持，中央財政新增扶貧投入及有關轉移支付向深度貧困地區傾斜。對老年人、殘疾人、重病患者等特定貧困人口，因戶因人落實保障措施。攻堅期內脫貧不脫政策，新產生的貧困人口和返貧人口要及時納入幫扶。加強扶貧資金整合和績效管理。開展扶貧領域腐敗和作風問題專項治理，改進考核監督方式。堅持現行脫貧標準，確保進度和質量，讓脫貧得到群眾認可、經得起歷史檢驗。

推進污染防治取得更大成效。鞏固藍天保衛戰成果，今年二氧化硫、氮氧化物排放量要下降 3%，重點地區細顆粒物（PM$_{2.5}$）濃度繼續下降。推動鋼鐵等行業超低排放改造。提高污染排放標準，實行限期達標。大力發展清潔能源。開展柴油貨車、船舶超標排放專項治理，繼續淘汰老舊車。深入推進水、土壤污染防治，今年化學需氧量、氨氮排放量要下降 2%。實施重點流域和海域綜合治理，全面整治黑臭水體。加大污水處理設施建設力度，完善收費政策。加強固體廢棄物和垃圾分類處置，嚴禁“洋垃圾”入境。加強生態系統保護和修復，全面劃定並嚴守生態保護紅綫，完成造林 1 億畝以上，耕地輪作休耕試點面積增加到 3000 萬畝，加強地下水保護和修復，擴大濕地保護和恢復範圍，深化國家公園體制改革試點。嚴控填海造地。嚴格環境執法和問責。我們要攜手行動，建設天藍、地綠、水清的美麗中國。

（五）大力實施鄉村振興戰略。科學制定規劃，健全城鄉融合發展體制機制，依靠改革創新壯大鄉村發展新動能。

推進農業供給側結構性改革。促進農林牧漁業和種業創新發展，加快建設現代農業產業園和特色農產品優勢區。堅持提質導向，穩定和優化糧食生產。加快消化糧食庫存。發展農產品加工業。新增高標準農田 8000 萬畝以上、高效節水灌溉面積 2000 萬畝。培育新型經營主體，提高農業科技水平，推進農業機械化全程全面發展，加強面向小農戶的社會化服務。鼓勵支持返鄉農民工、大中專畢業生、科技人員、退役軍人和工商企業等從事現代農業建設、發展農村新業態新模式。深入推進"互聯網＋農業"，多渠道增加農民收入，促進農村一二三產業融合發展。

全面深化農村改革。落實第二輪土地承包到期後再延長 30 年的政策。探索宅基地所有權、資格權、使用權分置改革。改進耕地佔補平衡管理辦法，建立新增耕地指標、城鄉建設用地增減掛鈎節餘指標跨省域調劑機制，所得收益全部用於脫貧攻堅和支持鄉村振興。深化糧食收儲、集體產權、集體林權、國有林區林場、農墾、供銷社等改革，使農業農村充滿生機活力。

推動農村各項事業全面發展。完善農村醫療、教育、文化等公共服務。改善供水、供電、信息等基礎設施，新建改建農村公路 20 萬公里。穩步開展農村人居環境整治三年行動，推進"廁所革命"和垃圾收集處理。促進農村移風易俗。健全自治、法治、德治相結合的鄉村治理體系。大力培育鄉村振興人才。我們要堅持走中國特色社會主義鄉村振興道路，加快實現農業農村現代化。

（六）扎實推進區域協調發展戰略。完善區域發展政策，推進基本公共服務均等化，逐步縮小城鄉區域發展差距，把各地比較優勢和潛力充分發揮出來。

塑造區域發展新格局。加強對革命老區、民族地區、邊疆地區、貧困地區改革發展的支持。以疏解北京非首都功能為重點推進京津冀協同發展，高起點規劃、高標準建設雄安新區。以生態優先、綠色發展為引領推進長江經濟帶發展。出台實施粵港澳大灣區發展規劃綱要，全面推進內地同香港、澳門互利合作。制定西部大開發新的指導意見，落實東北等老工業基地振興舉措，繼續推動中部地區崛起，支持東部地區率先發展。加強對資源型地區經濟轉型發展的支持。壯大海洋經濟，堅決維護國家海洋權益。

提高新型城鎮化質量。今年再進城落戶 1300 萬人，加快農業轉移人口市民化。完善城鎮規劃，優先發展公共交通，健全菜市場、停車場等便民服務設施，加快無障礙設施建設。有序推進"城中村"、老舊小區改造，完善配套設施，鼓勵有條件的加裝電梯。加強排澇管網、地下綜合管廊、海綿城市等建設。新型城鎮化的核心在人，要加強精細化服務、人性化管理，使人人都有公平發展機會，讓居民生活得方便、舒心。

（七）積極擴大消費和促進有效投資。順應居民需求新變化擴大消費，着眼調結構增加投資，形成供給結構優化和總需求適度擴大的良性循環。

增強消費對經濟發展的基礎性作用。推進消費升級，發展消費新業態新模式。將新能源汽車車輛購置稅優惠政策再延長三年，全面取消二手車限遷政策。支持社會力量增加醫療、養老、教育、文化、體育等服務供給。創建全域旅遊示範區，降低重點國有景區門票價格。推動網購、快遞健康發展。對各類侵害消費者權益的行為，要依法懲處、決不姑息。

發揮投資對優化供給結構的關鍵性作用。今年要完成鐵路投資 7320 億元、公路水運投資 1.8 萬億元左右，水利在建投資規模達到 1 萬億元。重大基礎設施建設繼續向中西部地區傾斜。實施新一輪重大技術改造升級工程。中央預算內投資安排 5376 億元，比去年增加 300 億元。落實鼓勵民間投資政策措施，在鐵路、民航、油氣、電信等領域推出一批有吸引力的項目，務必使民間資本進得來、能發展。

（八）推動形成全面開放新格局。進一步拓展開放範圍和層次，完善開放結構佈局和體制機制，以高水平開放推動高質量發展。

推進"一帶一路"國際合作。堅持共商共建共享，落實＂一帶一路＂國際合作高峰論壇成果。推動國際大通道建設，深化沿綫大通關合作。擴大國際產能合作，帶動中國製造和中國服務走出去。優化對外投資結構。加大西部、內陸和沿邊開放力度，提高邊境跨境經濟合作區發展水平，拓展開放合作新空間。

促進外商投資穩定增長。加強與國際通行經貿規則對接，建設國際一流營商環境。全面放開一般製造業，擴大電信、醫療、教育、養老、新能源汽車等領域開放。有序開放銀行卡清算等市場，放開外資保險經紀公司經營範圍限制，放寬或取消銀行、證券、基金管理、期貨、金融資產管理公司等外資股比限制，統一中外資銀行市場准入標準。實施境外投資者境內利潤再投資遞延納稅。簡化外資企業設立程序，商務備案與工商登記＂一口辦理＂。全面複製推廣自貿試驗區經驗，探索建設自由貿易港，打造改革開放新高地。

鞏固外貿穩中向好勢頭。擴大出口信用保險覆蓋面，整體通關時間再壓縮三分之一。改革服務貿易發展機制。培育貿易新業態新模式。推動加工貿易向中西部梯度轉移。積極擴大進口，辦好首屆中國國際進口博覽會，下調汽車、部分日用消費品等進口關稅。我們要以更大力度的市場開放，促進產業升級和貿易平衡發展，為消費者提供更多選擇。

促進貿易和投資自由化便利化。中國堅定不移推進經濟全球化，維護自由貿易，願同有關方推動多邊貿易談判進程，早日結束區域全面經濟夥伴關係協定談判，加快亞太自貿區和東亞經濟共同體建設。中國主張通過平等協商解決貿易爭端，反對貿易保護主義，堅決捍衛自身合法權益。

（九）提高保障和改善民生水平。要在發展基礎上多辦利民實事、多解民生難事，兜牢民生底綫，不斷提升人民群眾的獲得感、幸福感、安全感。

着力促進就業創業。加強全方位公共就業服務，大規模開展職業技能培訓，運用"互聯網＋"發展新就業形態。今年高校畢業生 820 多萬人，再創歷史新高，要促進多渠道就業，支持以創業帶動就業。扎實做好退役軍人安置、管理和保障工作。加大對殘疾人等就業困難人員援助力度。擴大農民工就業，全面治理拖欠工資問題。要健全勞動關係協商機制，消除性別和身份歧視，使更加公平、更加充分的就業成為我國發展的突出亮點。

穩步提高居民收入水平。繼續提高退休人員基本養老金和城鄉居民基礎養老金。合理調整社會最低工資標準。完善機關事業單位工資和津補貼制度，向艱苦地區、特殊崗位傾斜。提高個人所得稅起徵點，增加子女教育、大病醫療等專項費用扣除，合理減負，鼓勵人民群眾通過勞動增加收入、邁向富裕。

發展公平而有質量的教育。推動城鄉義務教育一體化發展，教育投入繼續向困難地區和薄弱環節傾斜。切實降低農村學生輟學率，抓緊消除城鎮"大班額"，着力解決中小學生課外負擔重問題。兒童是民族的未來、家庭的希望。要多渠道增加學前教育資源供給，重視對幼兒教師的關心和培養，運用互聯網等信息化手段對兒童託育中育兒過程加強監管，一定要讓家長放心安心。大力發展職業教育，支持和規範社會力量舉辦職業教育。推進普及高中階段教育。以經濟社會發展需要為導向，優化高等教育結構，加快"雙一流"建設，支持中西部建設有特色、高水平大學。繼續實施農村和貧困地區專項招生計劃。發展民族教育、特殊教育、繼續教育和網絡教育。加強師資隊伍和師德師風建設。要加快推進教育現代化，辦好人民滿意的教育，讓每個人都有平等機會通過教育改變自身命運、成就人生夢想。

實施健康中國戰略。提高基本醫保和大病保險保障水平，居民基本醫保人均財政補助標準再增加40元，一半用於大病保險。擴大跨省異地就醫直接結算範圍，把基層醫院和外出農民工、外來就業創業人員等全部納入。加大醫護人員培養力度，加強全科醫生、兒科醫生隊伍建設，推進分級診療和家庭醫生簽約服務。繼續提高基本公共衛生服務經費人均財政補助標準。堅持預防為主，加強重大疾病防控。改善婦幼保健服務。支持中醫藥事業傳承創新發展。鼓勵中西醫結合。創新食品藥品監管方式，注重用互聯網、大數據等提升監管效能，加快實現全程留痕、信息可追溯，讓問題產品無處藏身、不法製售者難逃法網，讓消費者買得放心、吃得安全。做好北京冬奧會、冬殘奧會籌辦工作，多渠道增加全民健身場所和設施。人民群眾身心健康、向善向上，國家必將生機勃勃、走向繁榮富強。

更好解決群眾住房問題。啟動新的三年棚改攻堅計劃，今年開工 580 萬套。加大公租房保障力度，對低收入住房困難家庭要應保盡保，將符合條件的新就業無房職工、外來務工人員納入保障範圍。堅持房子是用來住的、不是用來炒的定位，落實地方主體責任，繼續實行差別化調控，建立健全長效機制，促進房地產市場平穩健康發展。支持居民自住購房需求，培育住房租賃市場，發展共有產權住房。加快建立多主體供給、多渠道保障、租購並舉的住房制度，讓廣大人民群眾早日實現安居宜居。

　　強化民生兜底保障。穩步提高城鄉低保、社會救助、撫恤優待等標準。積極應對人口老齡化，發展居家、社區和互助式養老，推進醫養結合，提高養老院服務質量。關心幫助農村留守兒童。加強城鄉困境兒童保障。做好傷殘軍人和軍烈屬優撫工作。加強殘疾人康復服務。健全社會救助體系，支持公益慈善事業發展。傾情傾力做好托底工作，不因事難而推諉，不因善小而不為，要讓每一個身處困境者都能得到社會的關愛和溫暖。

　　打造共建共治共享社會治理格局。完善基層群眾自治制度，加強社區治理。發揮好工會、共青團、婦聯等群團組織作用。促進社會組織、專業社會工作、志願服務健康發展。加強社會信用體系建設。完善公共法律服務體系，落實普法責任制。營造尊重婦女、關愛兒童、尊敬老人、愛護殘疾人的良好風尚。完善社會矛盾糾紛多元化解機制。創新信訪工作方式，依法及時解決群眾合理訴求。嚴格落實安全生產責任，堅決遏制重特大事故。做好地震、氣象、地質等工作，提高防災減災救災能力。推進平安中國建設，嚴密防範和堅決打擊暴力恐怖活動，依法開展掃黑除惡專項鬥爭，懲治盜搶騙黃賭毒等違法犯罪活動，整治電信網絡詐騙、侵犯公民個人信息、網絡傳銷等突出問題，維護國家安全和公共安全。

為人民過上美好生活提供豐富精神食糧。要弘揚中華優秀傳統文化，繼承革命文化，發展社會主義先進文化，培育和踐行社會主義核心價值觀。加強思想道德建設和群眾性精神文明創建。加快構建中國特色哲學社會科學，繁榮文藝創作，發展新聞出版、廣播影視、檔案等事業。加強文物保護利用和文化遺產保護傳承。建好新型智庫。加強互聯網內容建設。深入實施文化惠民工程，培育新型文化業態，加快文化產業發展。倡導全民閱讀，建設學習型社會。深化中外人文交流，增強中華文化影響力。我們要以中國特色社會主義文化的繁榮興盛，凝聚起實現民族復興的磅礴精神力量。

各位代表！

進入新時代，政府工作在新的一年要有新氣象新作為。要牢固樹立"四個意識"，堅定"四個自信"，堅決維護習近平總書記核心地位，堅決維護黨中央權威和集中統一領導，落實全面從嚴治黨要求，加強政府自身建設，深入推進政府職能轉變，全面提升履職水平，為人民提供優質高效服務。

全面推進依憲施政、依法行政。嚴格遵守憲法法律，加快建設法治政府，把政府活動全面納入法治軌道。堅持嚴格規範公正文明執法，有權不可任性，用權必受監督。各級政府要依法接受同級人大及其常委會的監督，自覺接受人民政協的民主監督，主動接受社會和輿論監督，認真聽取人大代表、政協委員意見，聽取民主黨派、工商聯、無黨派人士和各人民團體意見。政府要信守承諾，決不能"新官不理舊賬"。全面推進政務公開。推行政府法律顧問制度。堅持科學、民主、依法決策，凡涉及公眾利益的重大事項，都要深入聽取各方意見包括批評意見。人民政府的所有工作都要體現人民意願，幹得好不好要看實際效果、最終由人民來評判。

全面加強黨風廉政建設。推進"兩學一做"學習教育常態化制度化，認真開展"不忘初心、牢記使命"主題教育。堅決貫徹落實黨中央八項規定及實施細則精神，馳而不息整治"四風"，特別是力戒形式主義、官僚主義。加強審計監督。鞏固發展反腐敗鬥爭壓倒性態勢，把權力關進制度的籠子，堅決懲治各類腐敗行為。政府工作人員要廉潔修身，勤勉盡責，自覺接受法律監督、監察監督和人民的監督，乾乾淨淨為人民做事，決不辜負人民公僕的稱號。

全面提高政府效能。優化政府機構設置和職能配置，深化機構改革，形成職責明確、依法行政的政府治理體系，增強政府公信力和執行力。中國改革發展的一切成就，都是幹出來的。對各級政府及其工作人員來說，為人民幹事是天職、不幹是失職。要完善激勵約束、容錯糾錯機制，旗幟鮮明給積極幹事者撐腰鼓勁，對庸政懶政者嚴肅問責。決不能表態多調門高、行動少落實差，決不允許佔着位子不幹事。廣大幹部要提高政治素質和工作本領，求真務實，幹字當頭，幹出實打實的新業績，幹出群眾的好口碑，幹出千帆競發、百舸爭流的生動局面。

各位代表！

中華民族是一個和睦相處、團結溫暖的大家庭。我們要堅持和完善民族區域自治制度，全面貫徹黨的民族政策。繼續加強對民族地區、人口較少民族發展的支持。組織好廣西壯族自治區、寧夏回族自治區成立 60 週年慶祝活動。加強各民族交往交流交融，讓中華民族共同體的根基更加堅實、紐帶更加牢固。

我們要全面貫徹黨的宗教工作基本方針，堅持我國宗教的中國化方向，促進宗教關係健康和諧，發揮宗教界人士和信教群眾在促進經濟社會發展中的積極作用。

我們要認真落實僑務政策，維護海外僑胞和歸僑僑眷合法權益，為他們在國家現代化建設中發揮獨特優勢和重要作用創造更好條件，激勵海內外中華兒女同心奮鬥、共創輝煌。

各位代表！

面對國家安全環境的深刻變化，我們要以黨在新時代的強軍目標為引領，牢固確立習近平強軍思想在國防和軍隊建設中的指導地位，堅定不移走中國特色強軍之路，全面推進練兵備戰工作，堅決有力維護國家主權、安全、發展利益。堅持黨對軍隊絕對領導的根本原則和制度，全面深入貫徹軍委主席負責制。繼續推進國防和軍隊改革，建設強大穩固的現代邊海空防。完善國防動員體系，加強全民國防教育。維護軍人軍屬合法權益，讓軍人成為全社會尊崇的職業。深入實施軍民融合發展戰略，深化國防科技工業改革。各級政府要採取更有力的舉措，支持國防和軍隊建設改革，深入開展擁軍優屬、擁政愛民活動，使軍政軍民團結始終堅如磐石、始終根深葉茂。

各位代表！

我們要繼續全面準確貫徹"一國兩制"方針，嚴格依照憲法和基本法辦事。全力支持香港、澳門特別行政區政府和行政長官依法施政，大力發展經濟、持續改善民生、有序推進民主、促進社會和諧。支持香港、澳門融入國家發展大局，深化內地與港澳地區交流合作。我們堅信，香港、澳門一定能與祖國內地同發展、共繁榮。

我們要繼續貫徹對台工作大政方針，堅持一個中國原則，在"九二共識"基礎上推動兩岸關係和平發展，推進祖國和平統一進程。堅決維護國家主權和領土完整，絕不容忍任何"台獨"分裂圖謀和行徑。擴大兩岸經濟文化交流合作，逐步為台灣同胞在大陸學習、創業、就業、生活提供與大陸同胞同等待遇。兩岸同根，骨肉相親。兩岸同胞順應歷史大勢、共擔民族大義，必將共創中華民族偉大復興的美好未來！

各位代表！

中國與世界各國發展緊密相連、命運休戚與共。我們將始終不渝走和平發展道路，推動構建新型國際關係。積極參與改革完善全球治理，致力於建設開放型世界經濟。推進大國協調合作，深化同周邊國家睦鄰友好和共同發展，加強同發展中國家團結合作。辦好博鰲亞洲論壇年會、上海合作組織峰會、中非合作論壇峰會等主場外交。繼續為解決國際和地區熱點問題發揮負責任大國作用。加強和完善海外利益安全保障體系。中國願與各國一道，為推動構建人類命運共同體不懈努力！

各位代表！

團結凝聚力量，實幹創造未來。我們要更加緊密地團結在以習近平同志為核心的黨中央周圍，高舉中國特色社會主義偉大旗幟，以習近平新時代中國特色社會主義思想為指導，銳意進取，扎實工作，促進經濟社會持續健康發展，為決勝全面建成小康社會、奪取新時代中國特色社會主義偉大勝利，為把我國建設成為富強民主文明和諧美麗的社會主義現代化強國、實現中華民族偉大復興的中國夢作出新的貢獻！

政府工作報告

——2018 年 3 月 5 日在第十三屆全國
人民代表大會第一次會議上

李 克 強

出　　版	三聯書店（香港）有限公司	
	香港北角英皇道 499 號北角工業大廈 20 樓	
發　　行	香港聯合書刊物流有限公司	
	香港新界大埔汀麗路 36 號 3 字樓	
印　　刷	中華商務聯合印刷（廣東）有限公司	
	廣東省深圳市龍崗區平湖街道春湖工業區中華商務印刷大廈	
版　　次	2018 年 3 月香港第一版第一次印刷	
規　　格	特 16 開（148 mm × 210 mm）56 面	
國際書號	ISBN 978-962-04-4326-8	
	Published in Hong Kong	

本書由人民出版社授權出版，僅限在中國大陸以外地區銷售。